school - sukuu	2
travel - akwantuo	5
transport - ɛhyɛn	8
city - kuropɔn	10
landscape - asaase	14
restaurant - adidibea	17
supermarket - dwakɛseɛmu	20
drinks - nsa	22
food - aduane	23
farm - afuo	27
house - efie	31
living room - ɛdan a wɔtena mu	33
kitchen - gyaade	35
bathroom - adwareɛ	38
child's room - abɔfra dan mu	42
clothing - ataadeɛ	44
office - ɔfise	49
economy - sikasem	51
occupations - nnwuma ahodoɔ	53
tools - akadeɛ	56
musical instruments - mfidie a wɔde bɔ nnwom	57
zoo - mmoakurabea	59
sports - agokansie	62
activities - dwumadie ahodoɔ	63
family - abusua	67
body - nipadua	68
hospital - asopiti	72
emergency - putupru	76
Earth - Ewiase	77
clock - mmerɛ kyerɛfoɔ	79
week - nnawɔtwe	80
year - afe	81
shapes - bɔbea	83
colours - ahosuo	84
opposites - abirabɔ	85
numbers - nɔma	88
languages - kasa ahodoɔ	90
who / what / how - hwan/aden/ sɛn	91
where - hefa	92

Impressum
Verlag: BABADADA GmbH, Nedderfeld 112 , 22529 Hamburg
Geschäftsführer / Verlagsleitung: Harald Hof
Druck: Books on Demand GmbH, In de Tarpen 42, 22848 Norderstedt

Imprint
Publisher: BABADADA GmbH, Nedderfeld 112 , 22529 Hamburg, Germany
Managing Director / Publishing direction: Harald Hof
Print: Books on Demand GmbH, In de Tarpen 42, 22848 Norderstedt

school
sukuu

- divide — kyɛmu
- board — bɔɔdo
- classroom — adesua dan mu
- school yard — sukuu asaase
- teacher — ɔkyerɛkyerɛni
- paper — krataa
- pen — twerɛdua
- write — twerɛ
- desk — pono
- ruler — susudua
- book — nwoma
- pupil — sukuuni

satchel
baage

pencil case
adeɛ wɔde twerɛdua hyɛ mu

pencil
twerɛdua

pencil sharpener
adea wɔde sensene twerɛdua ano

rubber
rɔba

drawing pad
drɔɔwin nkrataa

drawing

drɔɔwin

paintbrush

adeɛ a wɔde bɔ akaadoo mu

paint box

akaadoo adaka

scissors

apasoɔ

glue

aduro a wɔde sɔ nnooma bɔ mu

exercise book

krataa wɔyɛ dwumadie wɔ mu

homework

efie adwuma

number

nɔma

add

ka bom

subtract

te frim

multiply

fabaho

calculate

bo ho nkonta

letter

atwerɛdeɛ

alphabet

atwerɛdeɛ

hello

word

asɛm

school - sukuu

text
atwerɛ

read
kan

chalk
chalk

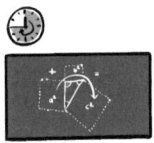

lesson
adesua

register
krataa a din ahodoɔ wɔ mu

exam
nsɔhwɛ

certificate
nimdeɛ krataa

school uniform
sukuu ataadeɛ

education
adesua

encyclopedia
encyclopedia

university
suapon kɛseɛ

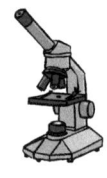

microscope
afidie a wɔde hwɛ adeɛ
aniwa ntumi nhunu

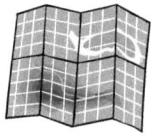

map
asaase mfonin a ɛwɔ krataa
so

waste-paper basket
kɛntɛn a wɔde krataa na ayɛ
a wɔde nwura gu mu

school - sukuu

travel
akwantuo

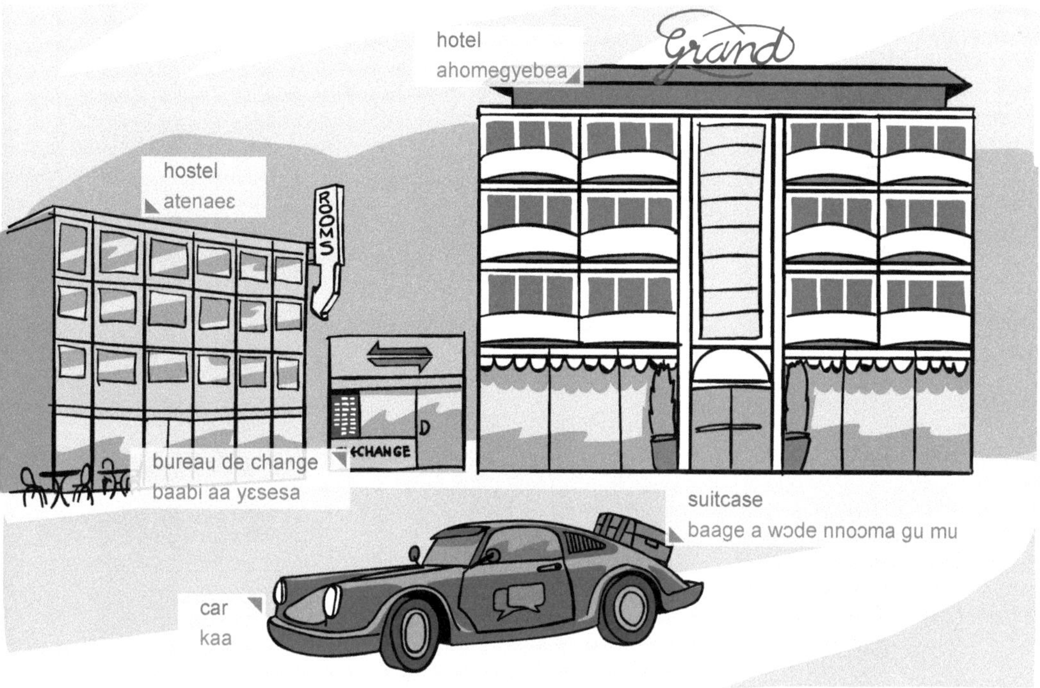

hotel
ahomegyebea
Grand
hostel
atenaeɛ
ROOMS
bureau de change
baabi aa yɛsesa
CHANGE
suitcase
baage a wɔde nnoɔma gu mu
car
kaa

language

kasa

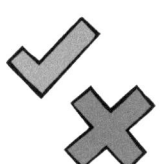

yes / no

aane / daabi

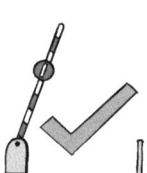

Okay

Yoo

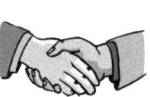

hello

hɛlo

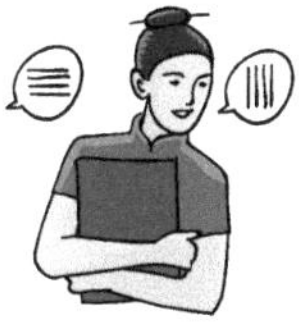

translator

deɛ wɔkyerɛkyerɛ kasa ase

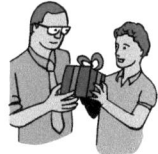

Thank you

Medaase

how much is…?

… ɛyɛ sɛn?

I do not understand

Menteaseɛ

problem

ɔhaw

Good evening!

Maadwo!

Good morning!

Maakye!

Good night!

Da yie!

bye bye

nante yie

direction

akwankyerɛ

luggage

nnooma a wɔde tu kwan

bag

kotokuo

backpack

baage a yɛde bɔ yakyi

guest

ɔhɔhoɔ

room

danmu

sleeping bag

bag a yɛda mu

tent

ntomadan

travel - akwantuo

tourist information

adesrafoɔ nsɛm

beach

po ano

credit card

krɛdit kaade

breakfast

anopa aduane

lunch

awia aduane

dinner

anwumerɛ aduane

ticket

tikiti

lift

pagya

stamp

agyinahyɛdeɛ

border

ɛhyeɛ

customs

adwumayɛfoɔ a wɔgyina
aman mmienu hyeɛ so

embassy

ɔman bi asoeɛ

visa

akwantuo krataa

passport

akwantuo krataa

travel - akwantuo

transport
ɛhyɛn

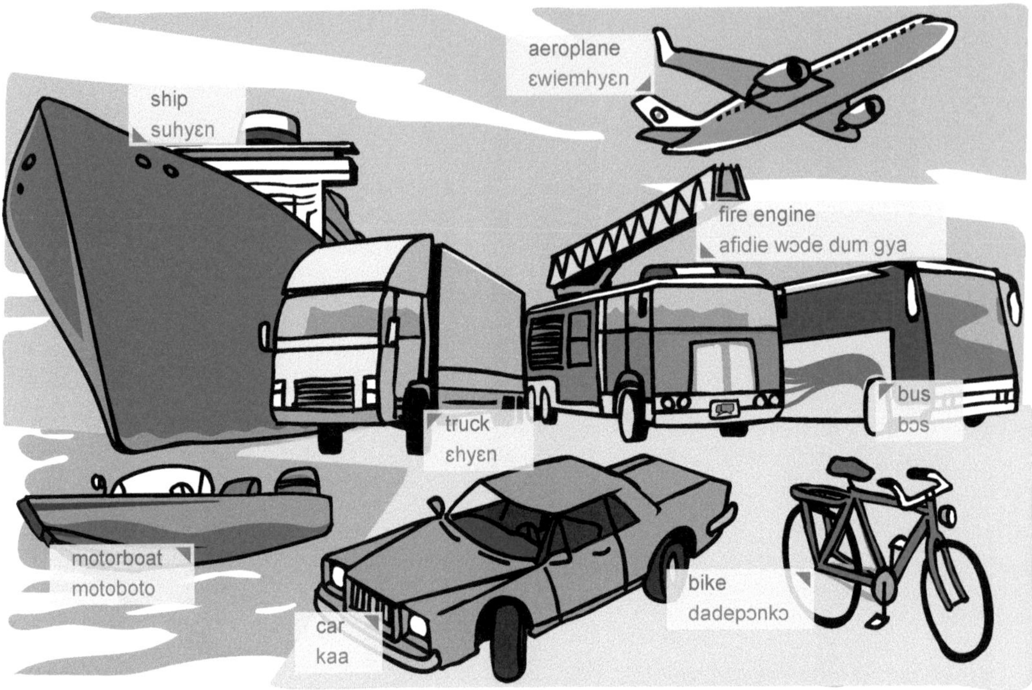

aeroplane
ɛwiemhyɛn

ship
suhyɛn

fire engine
afidie wɔde dum gya

bus
bɔs

truck
ɛhyɛn

motorboat
motoboto

bike
dadepɔnkɔ

car
kaa

ferry
subonto

boat
suhyɛn

motorbike
dadepɔnkɔ

police car
apolisifoɔ kaa

racing car
kaa a wɔde si akan

rental car
hyɛn aa yɛ hain

car sharing

kaa a wɔde ma obi de di dwuma

breakdown truck

kaa a wɔde twe ɛhyɛn a asɛe

refuse truck

bɔɔla kaa

motor

moto

fuel

ngo

petrol station

beaɛ a wotɔn pɛtro

traffic sign

trafik ahyɛnsodeɛ

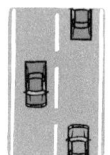

traffic

trafik

traffic jam

ɛhyɛn ntumi nkɔ ntɛm

car park

kaa gyinabea

train station

keteke steshin

tracks

ketekye kwan

train

ketekye

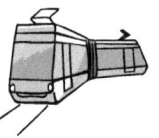

tram

ketekye

carriage

afidie a wɔtena mu wɔ wiem tu kwan

transport - ɛhyɛn

helicopter
ewiemhyɛn

airport
dadeɛanoma gyinabea

tower
dan tentene

passenger
obi a wɔforo hyɛn

container
adaka

carton
adaka

cart
teaseɛnam

basket
kɛntɛn

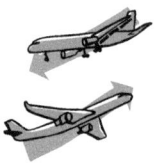
take off / land
tu / si fam

city
kuropɔn

village
akurase

city centre
kuropɔn hyiabea

house
efie

city - kuropɔn

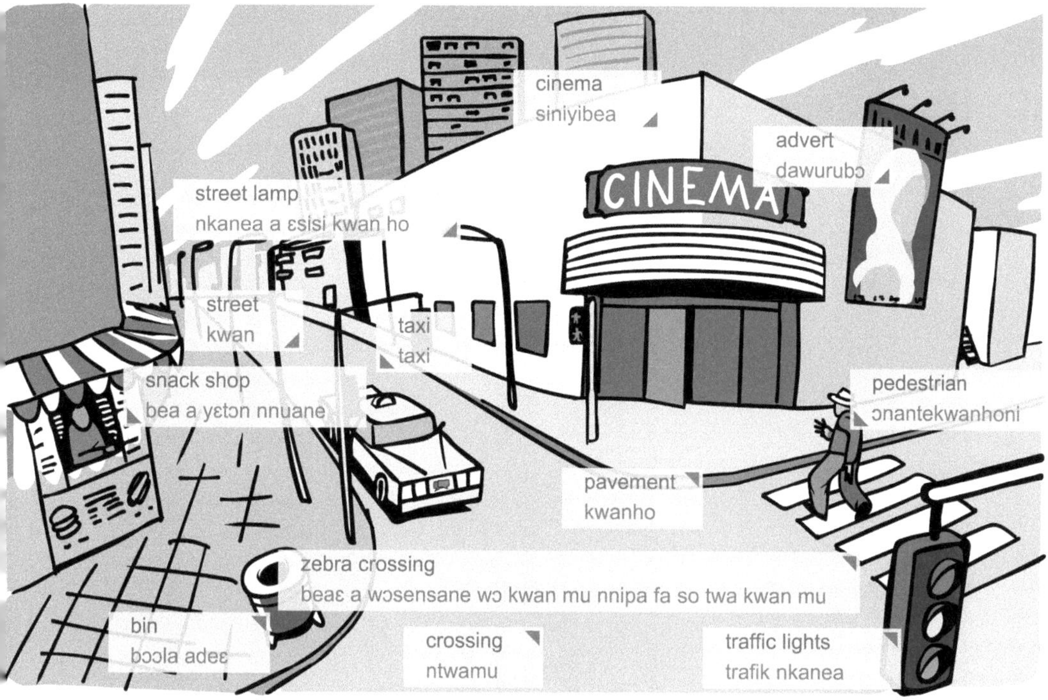

cinema
siniyibea

advert
dawurubɔ

street lamp
nkanea a ɛsisi kwan ho

street
kwan

taxi
taxi

snack shop
bea a yɛtɔn nnuane

pedestrian
ɔnantekwanhoni

pavement
kwanho

zebra crossing
beaɛ a wɔsensane wɔ kwan mu nnipa fa so twa kwan mu

bin
bɔɔla adeɛ

crossing
ntwamu

traffic lights
trafik nkanea

hut
ntaabodan

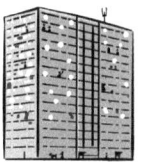

flat
tenabea

train station
keteke steshin

town hall
kurom nhyiadanmu

museum
mesiɔm

school
sukuu

city - kuropɔn

university

suapon kɛseɛ

bank

sikakorabea

hospital

asopiti

hotel

ahomegyebea

pharmacy

beaɛ a wɔtɔn nnuro

office

ɔfise

book shop

beaɛ a wɔtɔn nwoma

shop

beaɛ a wɔtɔn adeɛ

florist's

nhwiren kuani

supermarket

dwakɛseɛmu

market

dwamu

department store

asoeɛ sotɔɔ

fishmonger's

nnam tɔnfo

shopping centre

adetɔ beae

harbour

suhyɛn gyinabea

city - kuropɔn

park
agodibea

bench
akonnwa

bridge
nsamsoɔ

stairs
adeɛ wɔee foro aborosan

underground
asaasease

tunnel
tɔkuro a w'atu no asaase mu de ayɛ kwan

bus stop
ɛhyɛn gyinabea

bar
nsanombea

restaurant
adidibea

postbox
krataa adaka

street sign
kwan ahyɛnsodeɛ

parking meter
kaagyinaho meta

zoo
mmoakurabea

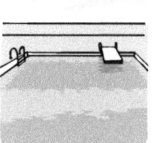
swimming pool
nsuo a wɔdware mu

mosque
masalakyi

city - kuropɔn

farm	pollution	graveyard
afuo	ewiem sɛeɛ	nsamanpɔ mu

church	playground	temple
asore	agodibea	hyiadan

landscape
asaase

- leaf — ahaban
- signpost — akyerɛkyerɛkwan
- way — kwan
- meadow — sare asaase
- stone — boba
- tree — dua
- hiker — pipo so foronii
- river — asubontene
- grass — nsensan
- flower — nhwiren

valley
ɛbɔn

hill
bepɔ

lake
sutadeɛ

forest
kwaeɛ

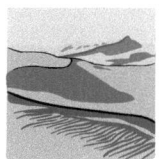

desert
ɛserɛ so

volcano
egya a ɛfiri bepɔ mu ba

castle
ahenfie

rainbow
nyankontɔn

mushroom
mmire

palm tree
abɛdua

mosquito
ntontom

fly
wasena

ant
ntatea

bee
wowa

spider
ananse

landscape - asaase

beetle
kukurubibi

frog
apɔnkyerɛnee

squirrel
opuro

hedgehog
kotoko

hare
adanko

owl
patuo

bird
anomaa

swan
dabodabo

boar
kɔkɔte

deer
wansane

moose
torɔm

dam
sutadeɛ

wind turbine
mframa tɛɛbain

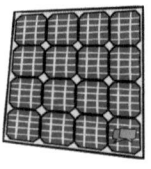

solar panel
adeɛ ɛtwe anyinam ahoden firi awia mu

climate
ewiem

landscape - asaase

restaurant
adidibea

waiter
barima a wɔsom wɔ beaɛ a wɔtɔn aduane

menu
aduane ahodoɔ wɔtɔn

chair
akonwa

soup
nkwan

pizza
pizza

cutlery
atere ne nsikan a wɔde didie

tablecloth
ntoma a wɔde kata ɛpono so

starter
ahyɛaseɛ

main course
aduane titriw

dessert
nnɔkɔnnɔkwade

drinks
nsa

food
aduane

bottle
toa

restaurant - adidibea

fast food
aduane wɔyɛ no ɔhare so

street food
aduana a ɛyɛ kwan ho

teapot
tea kukuo

sugar bowl
asikyire kyɛnsen

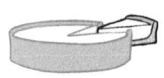

portion
fa

espresso machine
espresso afidie

high chair
akonwa tenten

bill
ka krataa

tray
apanpan

knife
sikanmoa

fork
adinam

spoon
atere

teaspoon
tea atere

serviette
ntoma a wɔde sɛ pono so

glass
ahwehwɛ

restaurant - adidibea

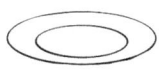  

plate	soup plate	saucer
plɛɛte	nkwan plɛɛte	plɛte ketewa

sauce	salt pot	pepper mill
frɔyɛ	nkyene kukuo	adeɛ a wɔde twi mako

vinegar	oil	spices
vinegar	anwa	atosodeɛ

ketchup	mustard	mayonnaise
ketchup	sinapi aba	mayonis

restaurant - adidibea

supermarket
dwakɛseɛmu

special offer
akwanya soronko

customer
obi a wɔtɔ wadeɛ

dairy
milikyi nnuane

fruit
nnuaba

tɔ adeɛ pia berɛ a wɔretɔ adeɛ

butcher's
nnamtwafo

baker's
brodotofo

weigh
susu

vegetables
atosodeɛ

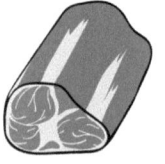

meat
nnam

frozen food
aduane a wɔde ahyɛ
sukɔtwea adaka mu

supermarket - dwakɛseɛmu

cold meat

nnam a yɛy nwunu

tinned food

nnuane a ɛwɔ konku mu

washing powder

aduro a wɔde si nnooma

sweets

adɔkɔkɔdɔkɔdeɛ

household products

efie nnooma

cleaning products

nnuro a wɔde hohoro nnooma ho

salesperson

adetɔni

till

adeɛ a wɔgye sika de gu mu

cashier

obi a wɔhwɛ sika so

shopping list

nnooma a wobɛtɔ

opening hours

mmerɛ a ɔmo de bue

wallet

kɔtɔkuo

credit card

krɛdit kaade

bag

bɔtɔ

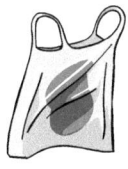

plastic bag

rɔba bɔtɔ

supermarket - dwakɛseɛmu

drinks
nsa

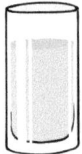

water
nsuo

juice
aduaba mu nsuo

milk
milikyi

coke
coke

wine
nsa

beer
beer

alcohol
nsaden

cocoa
kookoo

tea
tea

coffee
kɔfe

espresso
espresso

cappuccino
cappuccino

food
aduane

banana
kwadu

apple
aprɛ

orange
akutuo

melon
mɛlɔn

lemon
akutuo

carrot
karɔt

garlic
galeke

bamboo
mpampuro

onion
gyeene

mushroom
mmire

nuts
nkateɛ

noodles
talia

spaghetti | rice | salad
talia | ɛmo | salad

chips | fried potatoes | pizza
kyips | aborodwomaa w'akye | pizza

hamburger | sandwich | cutlet
hamburger | sandwich | ntwetwade

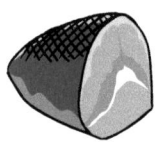

ham | salami | sausage
prɛko nam | salami | sɔsegye

chicken | roast | fish
akokɔnam | toto | nsuomunam

food - aduane

porridge oats

oats koko

muesli

muesli

cornflakes

cornflakes

flour

esam

croissant

croissant

bread roll

brodo a yabobɔ

bread

brodo

toast

ho

biscuits

biskit

butter

bɔta

curd

koko

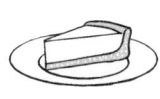

cake

ɔfam

egg

kosua

fried egg

kosua a yakye

cheese

kyeese

food - aduane

ice cream	sugar	honey
ise krim	asikyire	ɛwoɔ

jam	chocolate spread	curry
ɛam	kyɔkolate a wɔde yɛ aduane mu	kɔri

food - aduane

farm
afuo

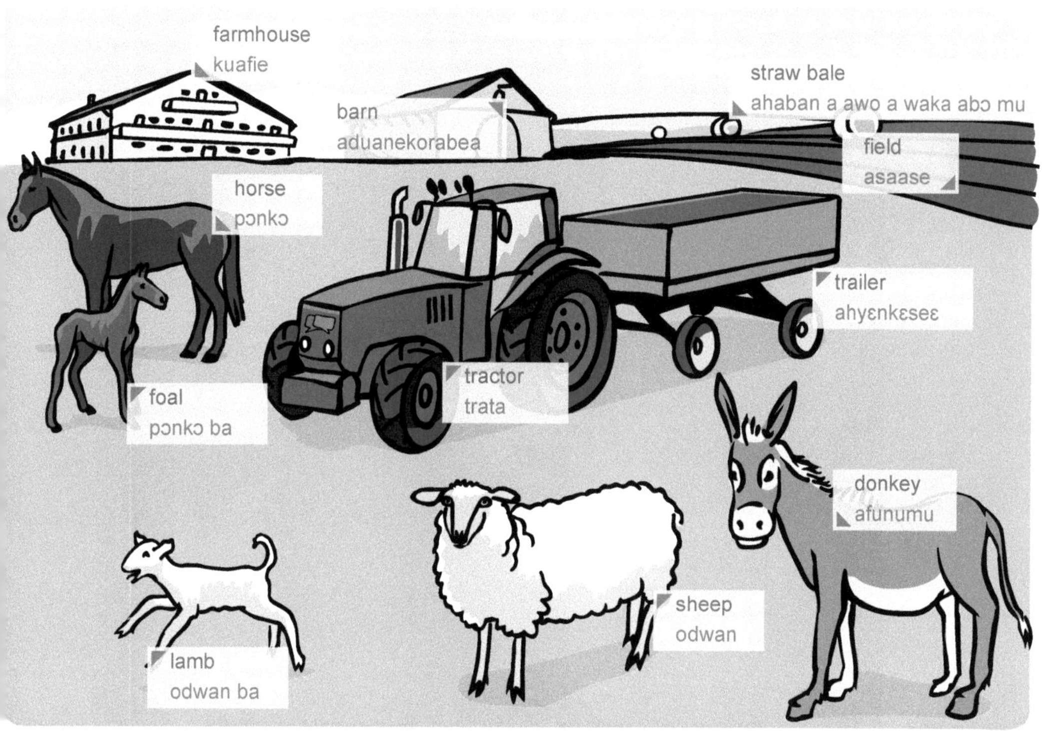

farmhouse — kuafie
barn — aduanekorabea
straw bale — ahaban a awo a waka abɔ mu
horse — pɔnkɔ
field — asaase
trailer — ahyɛnkɛseɛ
foal — pɔnkɔ ba
tractor — trata
donkey — afunumu
lamb — odwan ba
sheep — odwan

goat
apɔnkye

cow
nantwie

calf
nantwie ba

pig
prɛko

piglet
prɛko ba

bull
nantwinini

goose
dabodabo

duck
dabodabo

chick
akokɔba

hen
akokɔbedeɛ

cock
akokɔnini

rat
akura

cat
agyinamoa

mouse
akura

ox
nantwi

dog
ɔkraman

doghouse
kramanfie

garden hose
drobɛn a wɔde nsuo fa mu gugu nnooma so

watering can
toa wɔde nsuo gu mu de gugu nnooma so

scythe
kantankrankyi

plough
afidie a wɔde funtum asaase ani

farm - afuo

sickle	hoe	pitchfork
sɔsɔwa	asɔ	fɔɔki kɛseɛ
		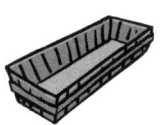
axe	wheelbarrow	trough
akuma	hweebaro	adea mmoa didi mu

milk can	sack	fence
milikyi konku	kotoku	ɛban
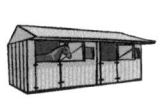	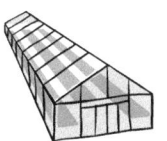	
stable	greenhouse	soil
mmoa dan	nnuaba dan mu	anwea

seed	fertilizer	combine harvester
aba	nnuro a wɔde gu mfudeɛ ho	nnuanetwa kaa kɛse

farm - afuo

harvest
twa

harvest
mfudeɛ

yams
bayerɛ

wheat
ayuo

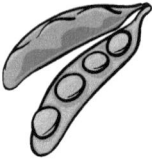
soy
soya

potato
aborɔdwomaa

corn
aburo

rapeseed
rapedua aba

fruit tree
aduaba dua

cassava
bankye

cereals
aburo aduane

farm - afuo

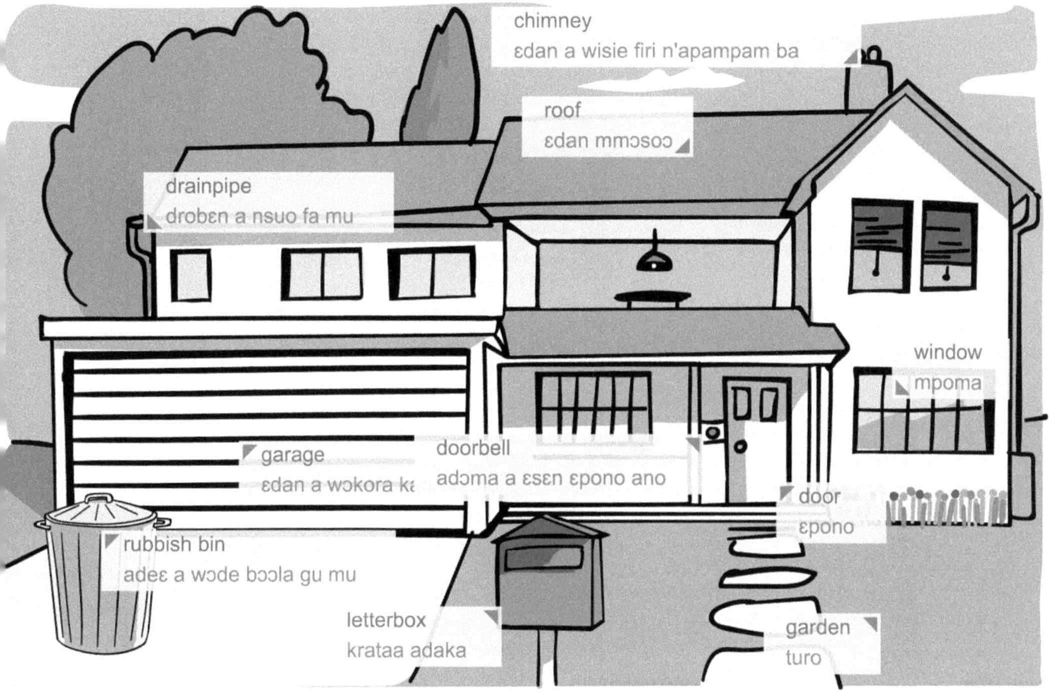

house
efie

- chimney — ɛdan a wisie firi n'apampam ba
- roof — ɛdan mmɔsoɔ
- drainpipe — drobɛn a nsuo fa mu
- window — mpoma
- garage — ɛdan a wɔkora kɛ
- doorbell — adɔma a ɛsɛn ɛpono ano
- door — ɛpono
- rubbish bin — adeɛ a wɔde boɔla gu mu
- letterbox — krataa adaka
- garden — turo

living room
ɛdan a wɔtena mu

bathroom
adwareɛ

kitchen
gyaade

bedroom
piam

child's room
abɔfra dan mu

dining room
ɛdan a wɔdidi wɔ mu

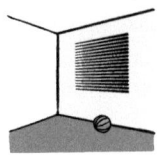
floor
fam

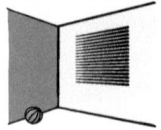
wall
ɛban

ceiling
siilin

cellar
ɛdan a ɛhyɛ fam

sauna
beaɛ a wɔkɔto hyew

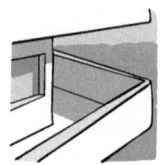
balcony
pɔɔkye

terrace
asaase a wafuntum na wɔde dua nnɔbaeɛ

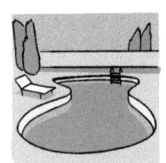
pool
nsuo a wɔdware mu

lawn mower
afidie a wɔde dɔ

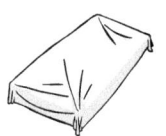
sheet
krataa

bedspread
nnasoɔ

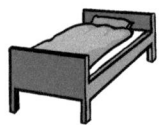
bed
mpa

broom
praeɛ

bucket
bɔkiti

switch
deɛ wɔde sɔ kanea

house - efie

living room
ɛdan a wɔtena mu

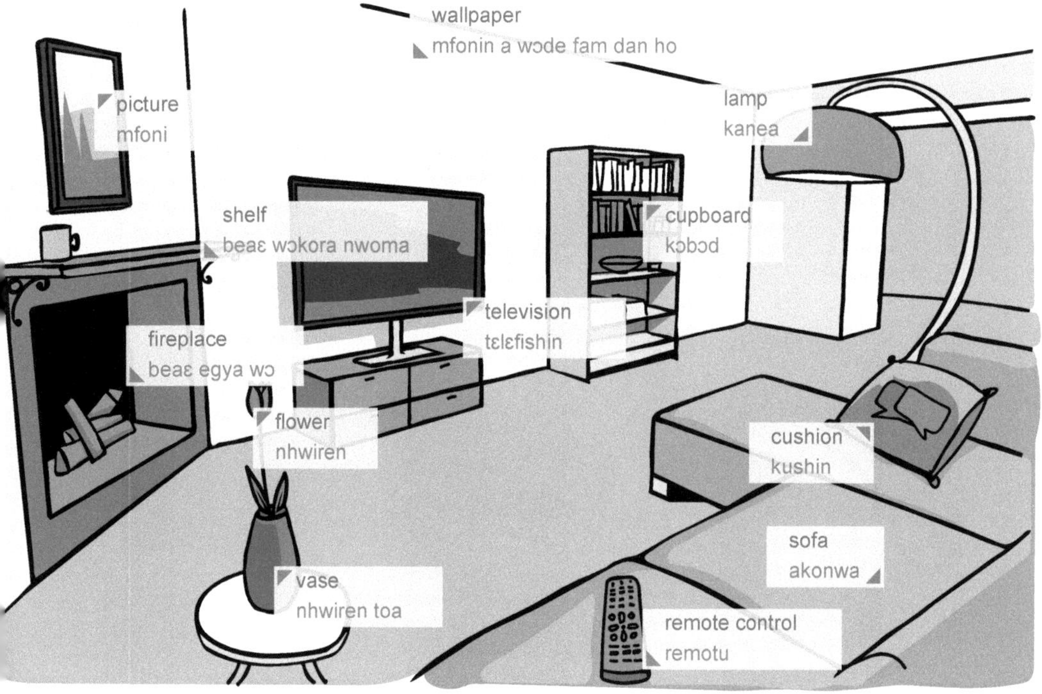

- wallpaper — mfonin a wɔde fam dan ho
- picture — mfoni
- lamp — kanea
- shelf — beaɛ wɔkora nwoma
- cupboard — kɔbɔd
- fireplace — beaɛ egya wɔ
- television — tɛlɛfishin
- flower — nhwiren
- cushion — kushin
- vase — nhwiren toa
- sofa — akonwa
- remote control — remotu

carpet
kapɛt

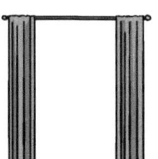

curtain
kɛtin

table
pono

chair
akonwa

rocking chair
akonwa aa ɛkɔ anim ne akyi

armchair
nsaakonwa

book nwoma	blanket kuntu	decoration beaɛ asiesie

firewood egya	film mfoni	hi-fi equipment hi-fi afidie

key safoa	newspaper dawurubɔ krataa	painting akaado

poster mfoni	radio akasanoma	notepad nwoma a wɔtwerɛ nsɛmpɔ gu mu

hoover afidie a wɔde pra mfuturo	cactus cactus	candle kandele

living room - ɛdan a wɔtena mu

kitchen
gyaade

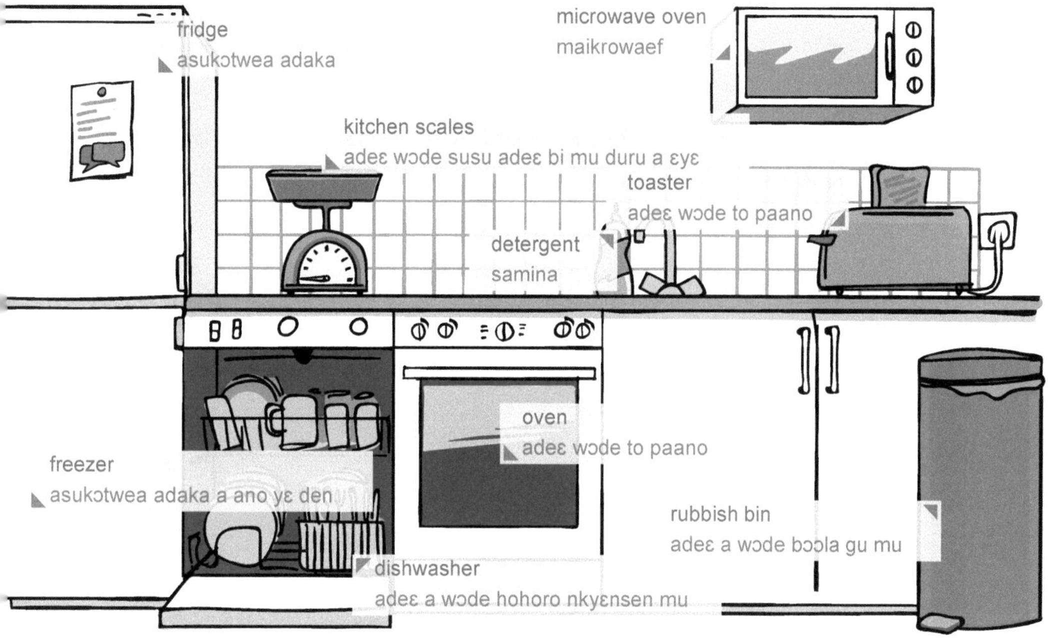

fridge
asukɔtwea adaka

microwave oven
maikrowaef

kitchen scales
adeɛ wɔde susu adeɛ bi mu duru a ɛyɛ

toaster
adeɛ wɔde to paano

detergent
samina

oven
adeɛ wɔde to paano

freezer
asukɔtwea adaka a ano yɛ den

rubbish bin
adeɛ a wɔde bɔɔla gu mu

dishwasher
adeɛ a wɔde hohoro nkyɛnsen mu

cooker
adeɛ a wɔde noa aduane

pot
kukuo

cast-iron pot
dadesɛn

wok / kadai
wok / kadai

pan
pan

kettle
adeɛ wɔde noa nsuo

kitchen - gyaade

steamer

nea yɛde ka aduane hye

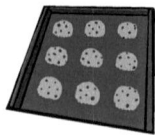

baking tray

adeɛ wɔto so paano

crockery

nkyɛnsen a wɔdidi mu

mug

kuruwa

bowl

kyɛnsen

chopsticks

nnua a wɔde didie

ladle

kwantere

spatula

atere

whisk

adeɛ wɔde nu adeɛ mu

strainer

sɔneɛ

sieve

sɔneɛ

grater

adeɛ a wɔde twi adeɛ

mortar

waduro

barbecue

adeɛ a wɔde toto nam

open fire

egya a biribiara mmɔ ho ban

kitchen - gyaade

chopping board

adeɛ a wɔtwitwa so nnooma

rolling pin

adea wode twi nnooma

corkscrew

adeɛ a wɔde tu toa ano

can

konku

can opener

adeɛ wɔde bie konku so

pot holder

nea yɛde sɔ kukuo mu

sink

adeɛ a wɔhohoro nkyɛnse wɔ mu

brush

adeɛ a wɔde twitwi

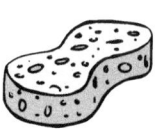

sponge

sapɔ

blender

afidie wɔde yam nnuane

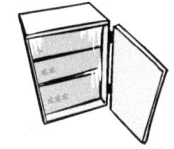

deep freezer

asukɔtwea adaka a ano yɛ den

baby bottle

abɔfra toa

tap

nsuo

kitchen - gyaade

bathroom
adwareɛ

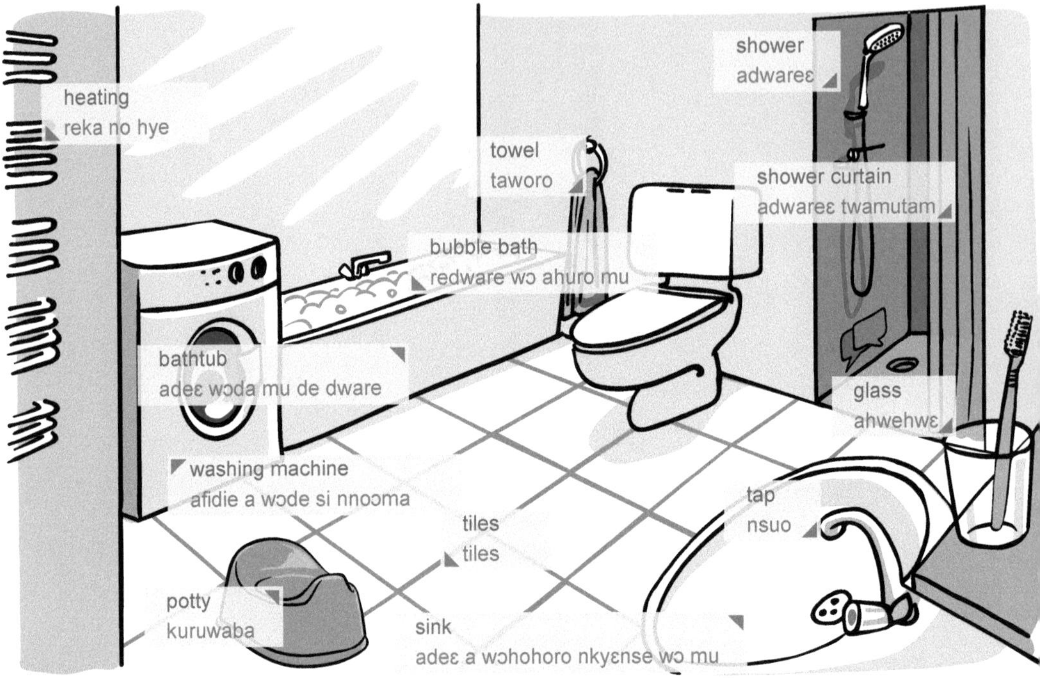

- shower — adwareɛ
- heating — reka no hye
- towel — taworo
- shower curtain — adwareɛ twamutam
- bubble bath — redware wɔ ahuro mu
- bathtub — adeɛ wɔda mu de dware
- glass — ahwehwɛ
- washing machine — afidie a wɔde si nnooma
- tap — nsuo
- tiles — tiles
- potty — kuruwaba
- sink — adeɛ a wɔhohoro nkyɛnse wɔ mu

toilet	squat toilet	bidet
agyananbea	agyananbea a wɔkotoso	bidet

urinal	toilet paper	toilet brush
dwonsɔbea	tiafi krataa	adeɛ a wɔde twitwi agyanbea

toothbrush

adeɛ wɔde twitwiri ɛse

toothpaste

aduro wɔde twitwiri ɛse

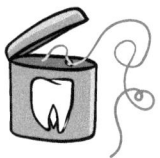

dental floss

adeɛ wɔde yiyi ɛse ntam

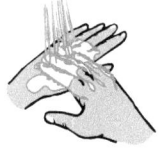

wash

si

handheld shower

adeɛ wɔsɔ mu de dware

douche

adeɛ nsuo fa mu na wɔde hohoro mmaa ase

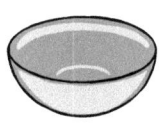

basin

adeɛ wɔsi nnooma wɔ mu

back brush

adeɛ wɔde twitwi yakyi

soap

samina

shower gel

adwareɛ samina

shampoo

deɛ wɔde hohoro tirinwii mu

flannel

ntoma wɔde asaawa na ayɛ

drain

nsuokwan

cream

nkuu

deodorant

aduro a wɔde fa mmɔtoamu

bathroom - adwareɛ

mirror

ahwehwɛ

hand mirror

ahwehwɛ kumaa

razor

yiwan

shaving foam

aduro a wɔde yi

aftershave

aduro a wɔde sera beaɛ wayi

comb

afe

brush

brɔsh

hair dryer

afidie a wɔde ka nwii ma no wo

hairspray

adeɛ wɔde aduro gu mu de gu nwii so

makeup

adeɛ wɔde yɛn wɔn anim

lipstick

adeɛ wɔde keka ano

nail varnish

aduro a wɔde ka mmɔwerɛ so

cotton wool

asaawa

nail scissors

apasoɔ a wɔde twitwa mmɔwerɛ

perfume

aduham

bathroom - adwareɛ

washbag

baage a wɔde nnooma gu mu wɔ adwareɛ

stool

akonwa

weighing scale

afidie a wɔde susu adeɛ bi mu duro

bathrobe

ataadeɛ wɔhyɛ berɛ a wɔrekɔdware

rubber gloves

adeɛ wɔde hyɛ wɔn nsa a wɔde roba na ayɛ

tampon

adeɛ wɔde twe nsuo firi pirakuro mu

sanitary towel

deɛ mmaa de siesie wɔn ho berɛ wɔn abu wɔn nsa

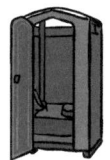

chemical toilet

agyananbea a wɔde nnuro kora

child's room

abɔfra dan mu

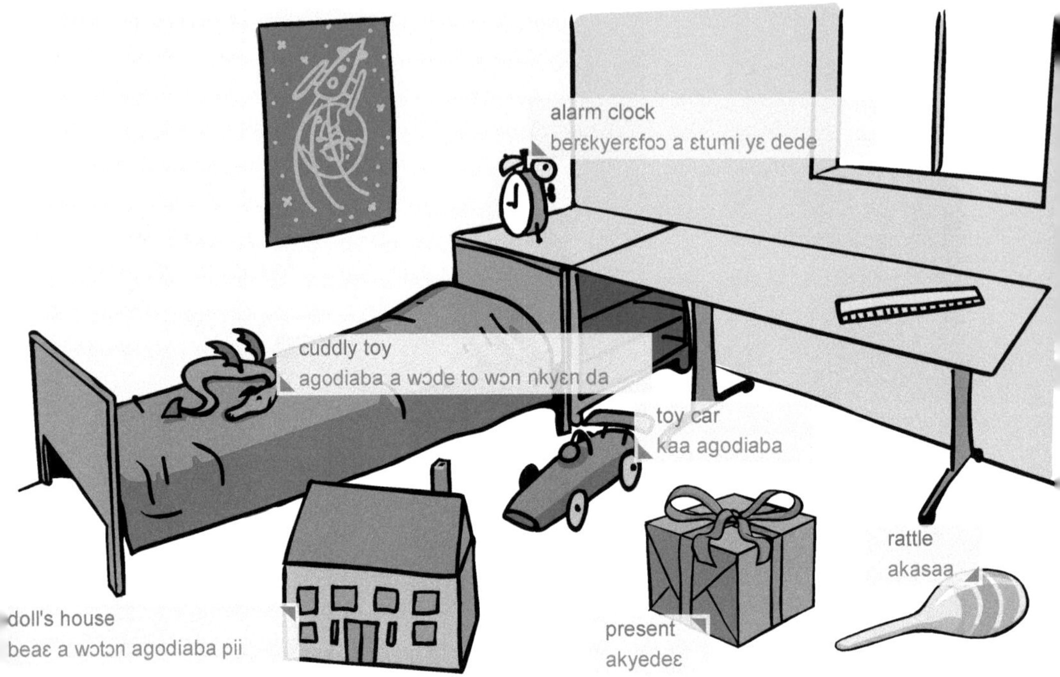
alarm clock
berɛkyerɛfoɔ a ɛtumi yɛ dede
cuddly toy
agodiaba a wɔde to wɔn nkyɛn da
toy car
kaa agodiaba
rattle
akasaa
doll's house
beaɛ a wɔtɔn agodiaba pii
present
akyedeɛ

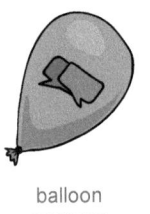

balloon

baluu

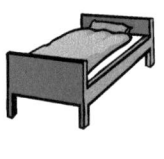

bed

mpa

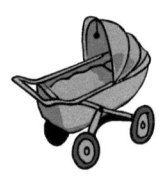

pram

adeɛ a wɔde mmɔfra to mu pia wɔn

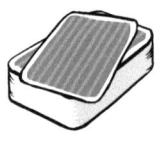

deck of cards

nkrataa a ɛhyɛ adaka mu

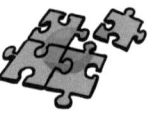

jigsaw

mfonin asiniasini a wɔkeka si ani hyehyɛ

SUPER MEGA

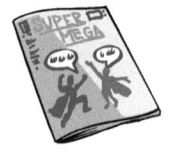

comic

mmɔfra aseresɛm nwoma

lego bricks

lego bricks

building blocks

blɔks a wɔde si dan

action figure

mmɔfra agodiaba

babygrow

mmɔfra ataade a wɔayɛ abɔ mu

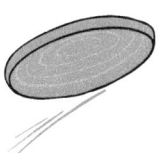

frisbee

frisbee

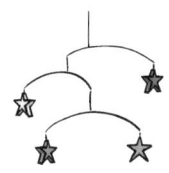

mobile

agodiaba a wɔde sensɛne mmɔfra mpa so

board game

agorɔ a ɛwɔ pono so

dice

ludu aba

model train set

ketekye ketewa

dummy

adeɛ a wɔde hyɛ mmɔfra anumu

party

apontoɔ

picture book

krataa mfonin wɔ mu

ball

bɔɔlo

doll

agodiaba

play

di agorɔ

child's room - abɔfra dan mu

sandpit

adeɛ wɔde anwea agu mu a mmɔfra di mu agorɔ

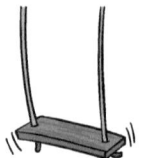

swing

adonko

toys

agodiaba

video game console

afidie abɛɛfo agodie wɔ so a wɔbɔ

tricycle

dadepɔnkɔ a ne nan yɛ mmiensa

teddy bear

sisire agodiaba

wardrobe

wɔdrop

clothing
ataadeɛ

socks

adeɛ a wɔhyɛ ansa na wahyɛ mpaboa

stockings

ataade tenten a wɔhyɛ wɔ wɔn nan ho

tights

ataadeɛ a ɛkyekyere deɛ wahyɛ no

clothing - ataadeɛ

body	trousers	jeans
nipadua	trɔsa	gyins

skirt	blouse	shirt
skɛɛte	mmaa ataade soro	ataadesoro

pullover	hoodie	blazer
swata	ataadeɛ a ɛkyɛ wɔ mu	kootu

jacket	coat	raincoat
ataade ngusoɔ	kootu	ataadeɛ wɔhyɛ berɛ nsuo retɔ

costume	dress	wedding dress
ataadehyɛ	ataadeɛ	ayifrɔ atadeɛ

clothing - ataadeɛ

suit
ataade nkatasoɔ

nightgown
ataadeɛ a yɛhyɛ de da

pyjamas
pigyamas

sari
sari

headscarf
duku

turban
duku

burqa
ataadeɛ Nkramofoɔ mmaa hyɛ na ɛkata wɔn tiri so de kɔsi wɔn nan ase

kaftan
kaftan

abaya
abaya

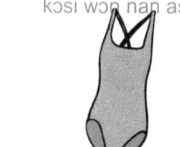
swimsuit
ataadeɛ a wɔhyɛ de dware nsuo mu

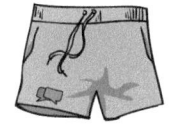
trunks
nika

shorts
nika

tracksuit
traksuit

apron
ntoma a wɔde kata wɔn kɔnmu berɛ wɔreyɛ aduane

gloves
adeɛ wɔde hyɛ wɔn nsa

clothing - ataadeɛ

button
batin

glasses
ahwehwɛniwa

bracelet
adeɛ wɔde to wɔn nsa

necklace
kɔnmuade

ring
kawa

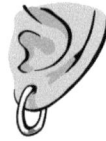

earring
asomadeɛ

cap
ɛkyɛ

coat hanger
adeɛ a wɔde kootu hyɛ so

hat
ɛkyɛ

tie
abɔɔmenemu

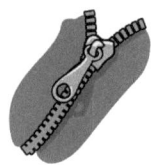

zip
zip

helmet
ɛkyɛ a wɔhyɛ de twi motosakre

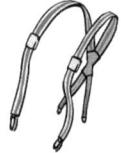

braces
bresis

school uniform
sukuu ataadeɛ

uniform
ataadeɛ

clothing - ataadeɛ

bib

adeɛ a wɔde gu abɔfra kɔn mu berɛ a wɔredidi

dummy

adeɛ a wɔde hyɛ mmɔfra anumu

nappy

moase tam

office
ɔfise

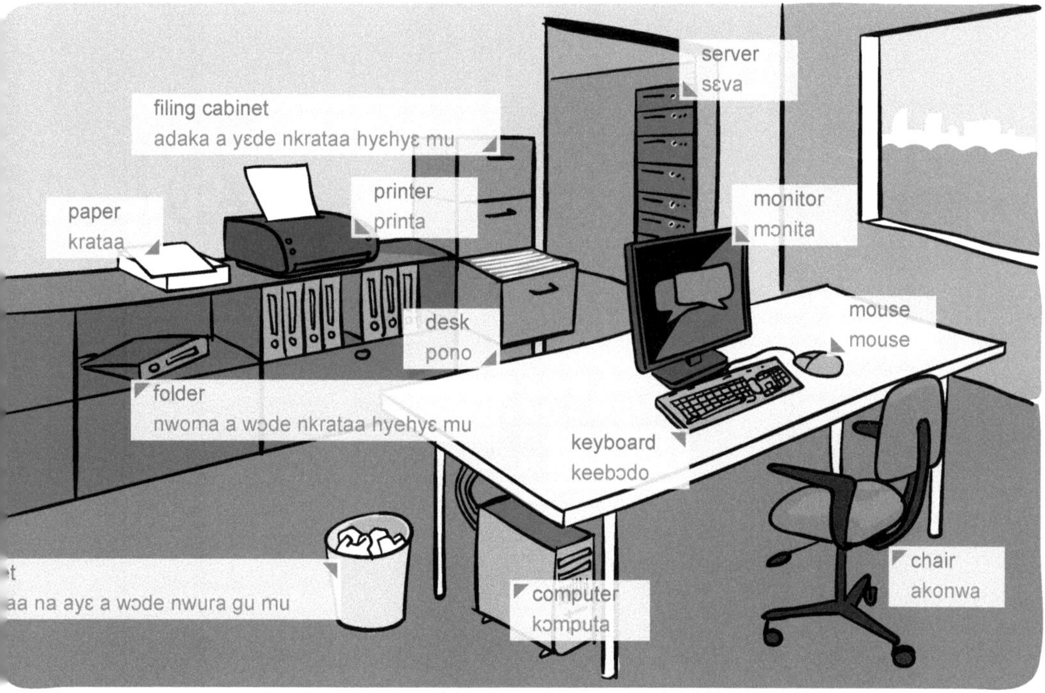

![office scene]

- server / sɛva
- filing cabinet / adaka a yɛde nkrataa hyɛhyɛ mu
- printer / printa
- paper / krataa
- monitor / mɔnita
- desk / pono
- mouse / mouse
- folder / nwoma a wɔde nkrataa hyɛhyɛ mu
- keyboard / keebɔdo
- chair / akonwa
- computer / kɔmputa
- (bin) …aa na ayɛ a wɔde nwura gu mu

coffee mug

kɔfe kuruwa

calculator

afidie a wɔde bu nkɔnta

internet

intanɛt

laptop
laptop

letter
krataa

message
nkratɔɔ

mobile
mobile

network
nɛtwɛk

photocopier
fotokɔpia

software
sɔftwɛɛ

telephone
tetefon

plug socket
plɔg sɔkɛti

fax machine
fax afidie

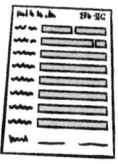

form
krataa

document
krataa

office - ɔfise

economy
sikasem

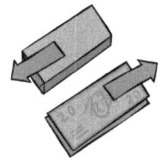
buy
tɔ

pay
tua

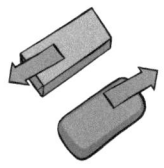
trade
tɔn

money
sika

dollar
dollar

euro
euro

yen
yen

rouble
rouble

Swiss franc
Swiss franc

renminbi yuan
renminbi yuan

rupee
rupee

cashpoint
sikabea

bureau de change

baabi aa yɛsesa

gold

sikakɔkɔɔ

silver

dwetɛ

oil

ngo

energy

ahoɔden

price

ne boɔ

contract

nteaseɛ a ɛwɔ krataa so

tax

ɛtoɔ

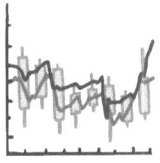

stock

stock

work

yɛ adwuma

employee

odwumayɛni

employer

obi a wafa obi adwumamu

factory

afidihyehyɛbea

shop

beaɛ a wɔtɔn adeɛ

economy - sikasem

occupations
nnwuma ahodoɔ

police officer
polisini

fireman
gyadumni

cook
obi a wɔnoa aduane

doctor
dɔkota

pilot
obi a wɔtwi ewiemhyɛn

gardener

kuani

carpenter

nnuaseni

seamstress

ɔbaa a wɔpam adeɛ

judge

otɛnmuani

chemist

dufrani

actor

siniyifoɔ

bus driver	taxi driver	fisherman
hyɛnkani	taxi drɔba	ɔfarifo

cleaning lady	roofer	waiter
ɔbaa wɔpopa beaɛ	obi a wɔbɔ dan so	barima a wɔsom wɔ beaɛ a wɔtɔn aduane

hunter	painter	baker
ɔbɔmɔfo	obi wɔde akaado keka ɛden ne nnooma aka ho	brodotofo

electrician	builder	engineer
obi a wɔyɛ nkaneɛ ho adwuma	dansifo	obi a wɔyɛ mfidie akɛseɛ ho adwuma

butcher	plumber	postman
namtɔnfo	obi a wɔhyehyɛ drobɛn a nsuo fa mu	obi a wɔde nkrataa a amanfoɔ atwerɛ soma no

occupations - nnwuma ahodoɔ

soldier
ɔsrani

architect
obi a wɔyɛ adansie ho adwuma

cashier
obi a wɔhwɛ sika so

florist
obi a wɔtɔn nhwiren

hairdresser
obi a wɔyɛ tire

conductor
deɛ wɔgyegye sika wɔ ɛhyɛn mu

mechanic
obi a wɔsiesie ɛhyɛn

captain
panin

dentist
dɔkota a wɔhwɛ se

scientist
abodeɛmu nyasapɛni

rabbi
ɔkyerɛkyerɛni

imam
imam

monk
monk

clergyman
sofo

tools
akadeɛ

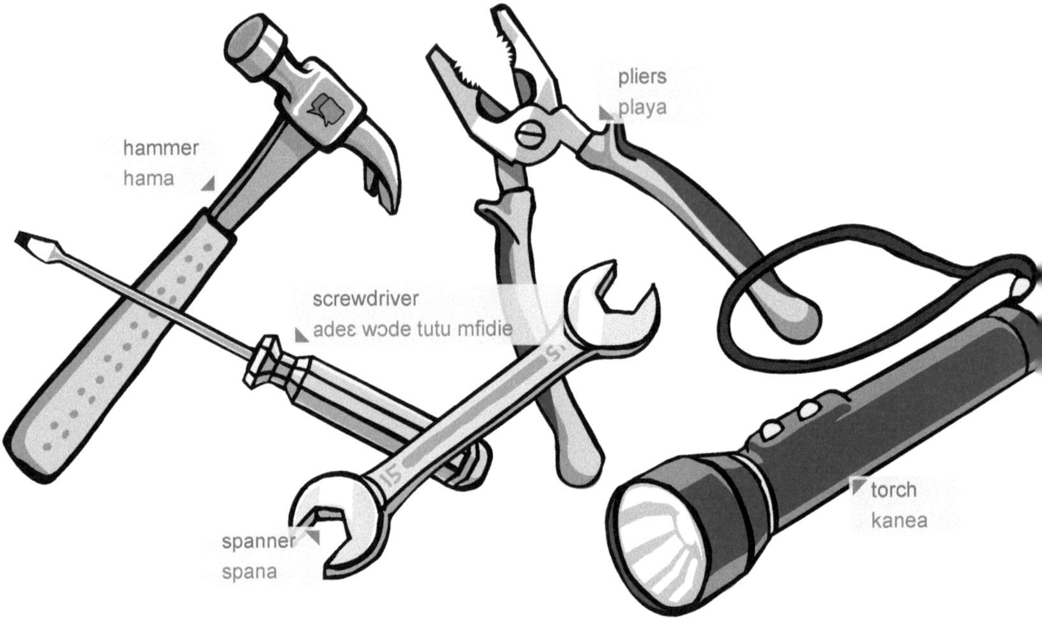

hammer
hama

pliers
playa

screwdriver
adeɛ wɔde tutu mfidie

spanner
spana

torch
kanea

digger
afidie a wɔde tu fam

toolbox
adaka a wɔde nnooma a wɔde yɛ adwuma gu mu

ladder
atwedeɛ

saw
sradaa

nails
nnadowa

drill
afidie a wɔde mmia nnooma mu

repair
siesie

shovel
sofi

Damn!
Yieee!

dustpan
asesa nwura

paint pot
akaado kora

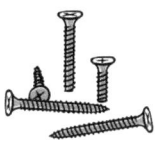
screws
dadeɛ wɔde bobɔ nnooma mu

musical instruments
mfidie a wɔde bɔ nnwom

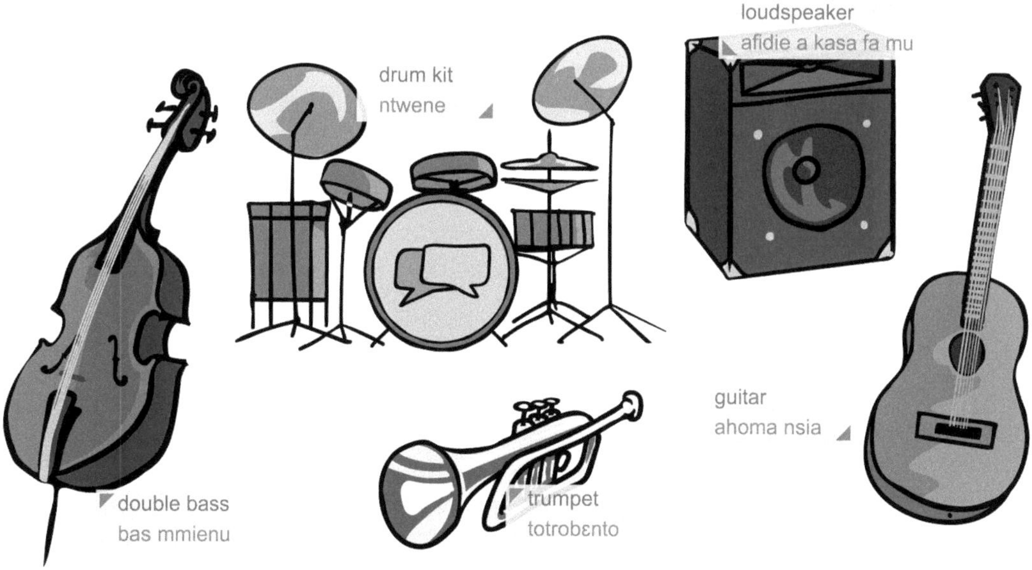

- drum kit — ntwene
- loudspeaker — afidie a kasa fa mu
- double bass — bas mmienu
- trumpet — totrobɛnto
- guitar — ahoma nsia

piano
sankuo

violin
sankuo

bass
ahoma nsia

timpani
timpani

drums
ntwene

keyboard
sankuo

saxophone
sasofon

flute
trobɛnto

microphone
akasanoma

musical instruments - mfidie a wɔde bɔ nnwom

zoo
mmoakurabea

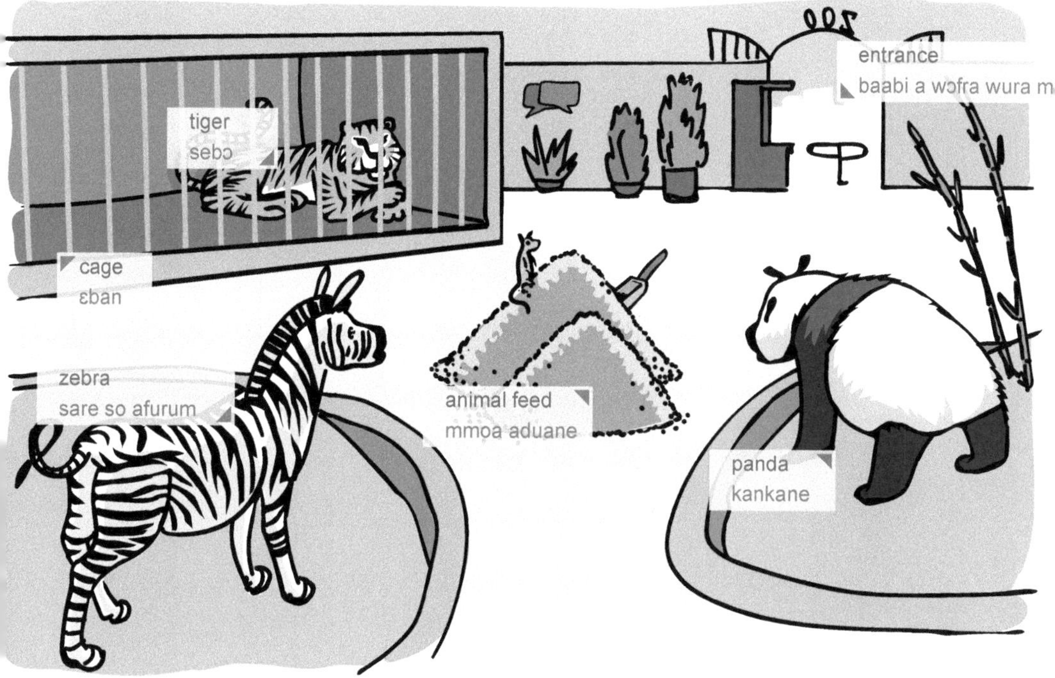

entrance
baabi a wɔfra wura m

tiger
sebɔ

cage
ɛban

zebra
sare so afurum

animal feed
mmoa aduane

panda
kankane

animals
mmoa

elephant
ɔsono

kangaroo
kangaroo

rhino
bɛnkorɔ

gorilla
akaatia

bear
sisire

zoo - mmoakurabea

camel
yoma

ostrich
sohori

lion
gyata

monkey
kontromfi

flamingo
asukɔnkɔn

parrot
ako

polar bear
sisire

penguin
penguin

shark
oboodede

peacock
kohaa

snake
ɔwɔ

crocodile
dɛnkyɛm

zookeeper
mmoasohwɛfo

seal
sukraman

jaguar
sebɔ

zoo - mmoakurabea

pony
pɔnkɔ ketewa

leopard
etwie

hippo
susono

giraffe
kontenten

eagle
ɔkɔdeɛ

boar
kɔkɔte

fish
nsuomunam

turtle
sudanda

walrus
sukraman

fox
sakraman

gazelle
adowa

zoo - mmoakurabea

sports
agokansie

American football — Amerika bɔɔlo
cycling — dadepɔnkɔ twie akansie
tennis — tɛnɛs
basketball — baskɛtbɔɔlo
swimming — nsuo dwareɛ
boxing — akutrukubɔ
ice hockey — hɔki a wɔbɔ no wɔ asukɔtw

football — bɔɔlo
badminton — badminton
athletics — mmirikatuo

handball — nsa bɔɔlo
skiing — asukɔtwea so agorɔ
polo — polo

sports - agokansie

activities
dwumadie ahodoɔ

have
gye

do
yɛ

be
yɛ

stand
gyina

run
tu mirika

pull
twe

throw
tɔ

fall
tɔ fam

lie
twa ntorɔ

wait
twɛn

carry
soa

sit
tena ase

get dressed
hyɛ atadeɛ

sleep
da

wake up
sɔre

activities - dwumadie ahodoɔ

look at

hwɛ

cry

su

stroke

fa wo nsa fefa ho

comb

nunu wotirim

talk

kasa

understand

te aseɛ

ask

bisa

listen

tie

drink

nom

eat

didi

tidy up

siesie

love

dɔ

cook

noa

drive

ka kaa

fly

tu

activities - dwumadie ahodoɔ   65

sail
ka

calculate
bo ho nkonta

read
kan

learn
sua

work
yɛ adwuma

marry
ware

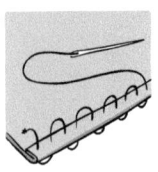
sew
pam

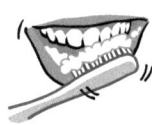
brush teeth
twitwi wo se

kill
kum

smoke
hye

send
soma

activities - dwumadie ahodoɔ

family
abusua

- grandmother — nanabaa
- grandfather — nana barima
- father — papa
- mother — maame
- baby — abɔfra
- daughter — babaa
- son — babarima

guest
ɔhɔhoɔ

aunt
sewaa

uncle
wɔfa

brother
nua barima

sister
nuabaa

family - abusua

body
nipadua

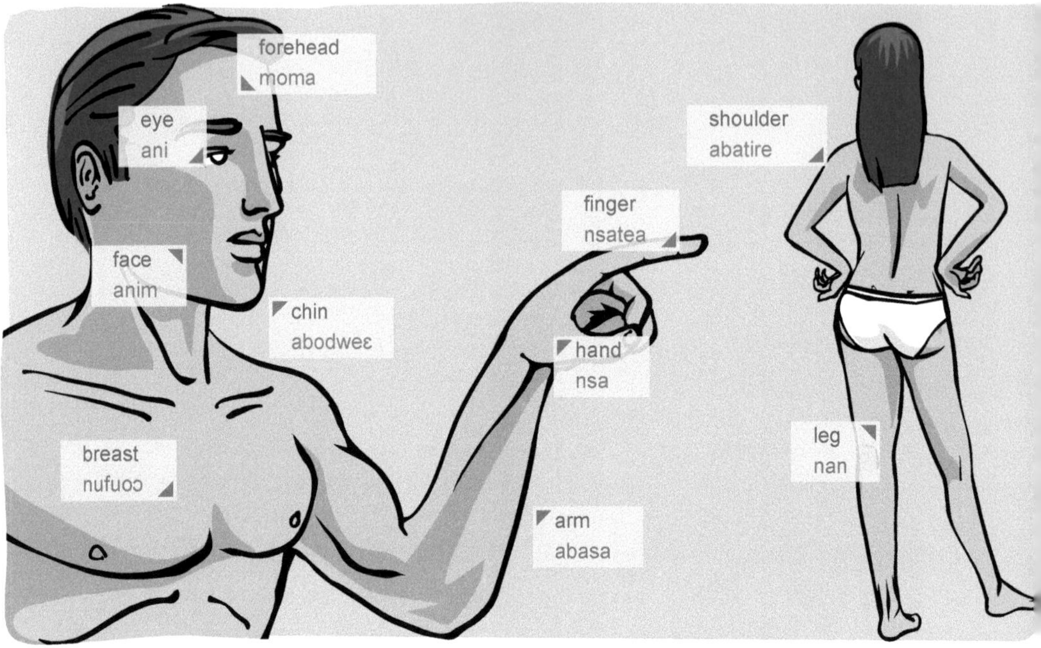

- forehead — moma
- eye — ani
- face — anim
- chin — abodweɛ
- breast — nufuɔɔ
- shoulder — abatire
- finger — nsatea
- hand — nsa
- arm — abasa
- leg — nan

baby
abɔfra

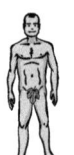

man
barima

woman
ɔbaa

girl
abaayewa

boy
abarimaa

head
ɛtire

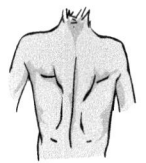 back — akyi	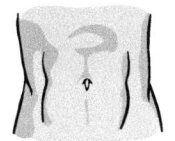 belly — yafunu	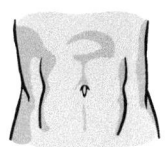 belly button — furuma
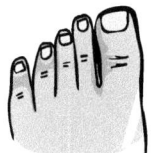 toe — nansoa	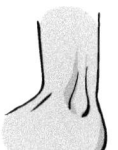 heel — nantini	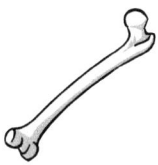 bone — dompe
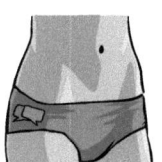 hip — sisi	 knee — kotodwe	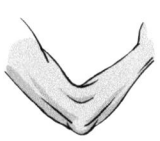 elbow — abatwerɛ
 nose — hwene	 bottom — ɛtoɔ	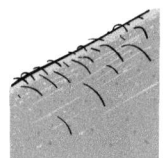 skin — wedeɛ
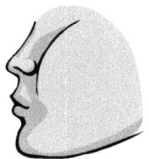 cheek — afono	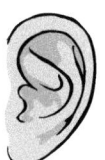 ear — aso	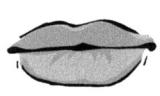 lip — ano

body - nipadua

	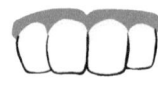	
mouth ano	tooth ɛse	tongue tɛkyerɛma
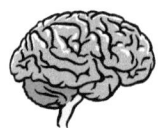	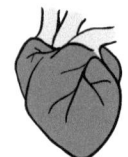	
brain adwene	heart akoma	muscle honam
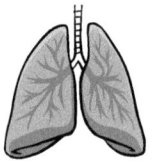		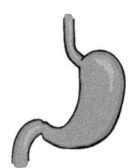
lung ahrawa	liver brɛbɔɔ	stomach afuro
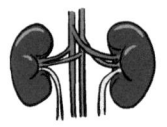		
kidneys sawa	sex barima ne ɔbaa nna mu nhyiamu	condom kɔndɔm
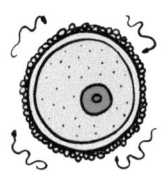		
ovum nkosua a ɛwɔ ɔbaa mu	semen barima ho nsuo	pregnancy nyinsɛn

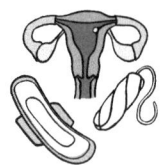

menstruation
brayɔ

vagina
ɛtwɛ

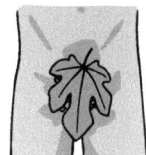

penis
kɔteɛ

eyebrow
aniakyi nwii

hair
nwii

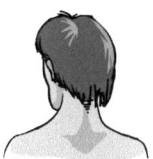

neck
kɔn

hospital
asopiti

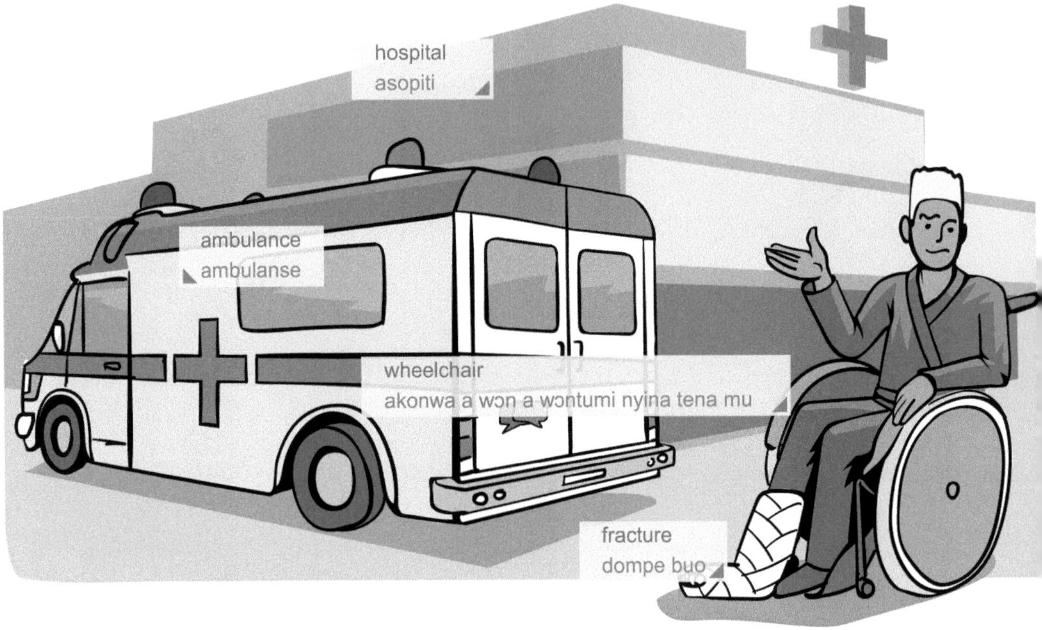

hospital / asopiti

ambulance / ambulanse

wheelchair / akonwa a wɔn a wɔntumi nyina tena mu

fracture / dompe buo

doctor
dɔkota

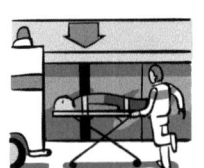
emergency room
ɛdan a wɔde wɔn a wɔn apira kɔ mu kɔhwɛ wɔn ɔhare so

nurse
nɛɛse

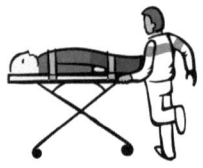
emergency
putupru

unconscious
fenti

pain
yaw

injury
pira

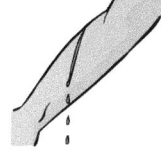

bleeding
mogyatuo

heart attack
akoma yareɛ

stroke
nwodwoɔ yareɛ

allergy
adeɛ wo honam mpɛ

cough
ɛwa

fever
ahoɔhyeɛ

flu
papu

diarrhoea
ayɛmhwie

headache
tiripayɛ

cancer
kokoram

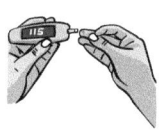

diabetes
asikyire yareɛ

surgeon
dɔkotani wɔpaepae obi sa no yareɛ

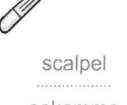

scalpel
sekamma

operation
repaepae obi ho asa no yareɛ

hospital - asopiti

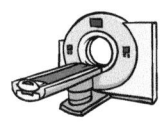
CT
CT

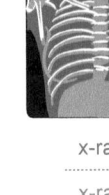
x-ray
x-ray

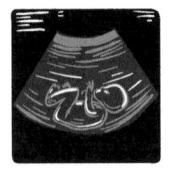
ultrasound
mfonin a wɔtwa de hwɛ awodeɛ mu

face mask
anim nkatadeɛ

disease
yareɛ

waiting room
dan aa yɛtwɛn wɔ mu

crutch
klɔkye

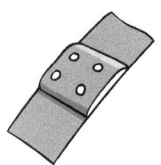
plaster
plasta

bandage
bandege

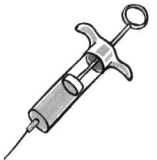
injection
paneɛ

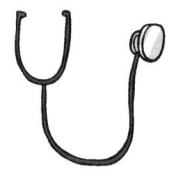
stethoscope
afidie a wɔde tie dede wɔ nnipa ho

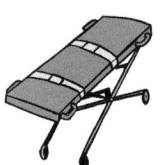
stretcher
mpa

clinical thermometer
afidie wɔde hwɛ ahoɔhyeɛ

birth
awoɔ

overweight
kɛseyɛ mmorosoɔ

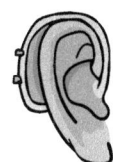

hearing aid

afidie a ɛboa ma obi te asɛm yie

disinfectant

aduro a wɔde ko tia yaremmoa bateria

infection

yareɛ nsaeɛ

virus

yaremmoawa

HIV / AIDS

HIV / AIDS

medicine

aduro

vaccination

nsianoaduru paneɛwɔ

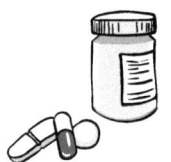

tablets

nnuro a wɔmene

pill

aduro a wɔmene

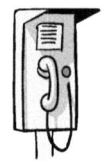

emergency call

putupru frɛ

blood pressure monitor

afidie a wɔde hwɛ sɛdeɛ mogya di aforosane

ill / healthy

yareɛ / ahuɔden

hospital - asopiti

emergency
putupru

Help!	 alarm	 assault
Boa me!	alam	repira obi
 attack	 danger	 emergency exit
to hyɛ biribi so	amaneɛ	kwan a wɔfa so pue berɛ asɛm asi putupuru
Fire!	 fire extinguisher	 accident
Egya!	adeɛ a wɔde dum gya	akwanhyia
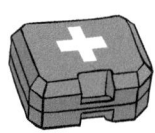 first-aid kit	 SOS	 police
mmoa a edikan akadeɛ	SOS	polisi

Earth
Ewiase

Europe
Europe

North America
North America

South America
South America

Africa
Afrioa

Asia
Asia

Australia
Australia

Atlantic
Atlantic

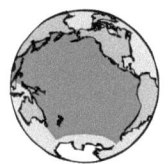
Pacific
Pacific

Indian Ocean
Indian Ocean

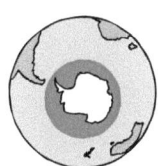
Antarctic Ocean
Antartic Ocean

Arctic Ocean
Arctic Ocean

North Pole
North Pole

South Pole

South Pole

Antarctica

Atartica

Earth

Ewiase

land

asaase

sea

ɛpo

island

ɛpoano

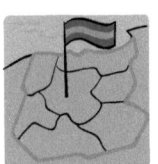

nation

ɔman

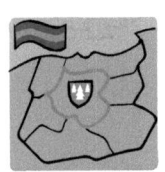

state

ɔman

clock
mmerɛ kyerɛfoɔ

clock face
mmerɛ kyerɛfoɔ no anim

hour hand
dɔnhwere nsa

minute hand
sima nsa

second hand
anitɛtɛ nsa

What time is it?
Abɔ sɛn?

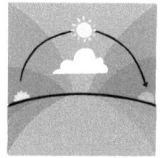

day
da

time
mmerɛ

now
seisei ara

digital watch
abɛɛfo mmerɛ kyerɛfoɔ

minute
sima

hour
dɔnhwere

week
nnawɔtwe

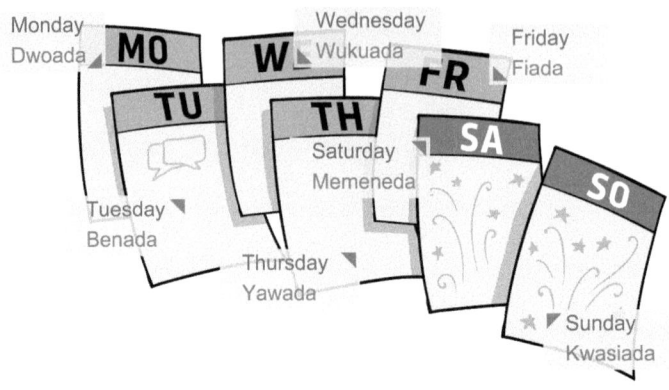

Monday — Dwoada
Tuesday — Benada
Wednesday — Wukuada
Thursday — Yawada
Friday — Fiada
Saturday — Memeneda
Sunday — Kwasiada

yesterday
ɛnora

today
nnɛ

tomorrow
ɔkyena

morning
anɔpa

noon
awia

evening
anwummerɛ

business days
adwuma nna

weekend
nnawɔtwe awieɛ

year
afe

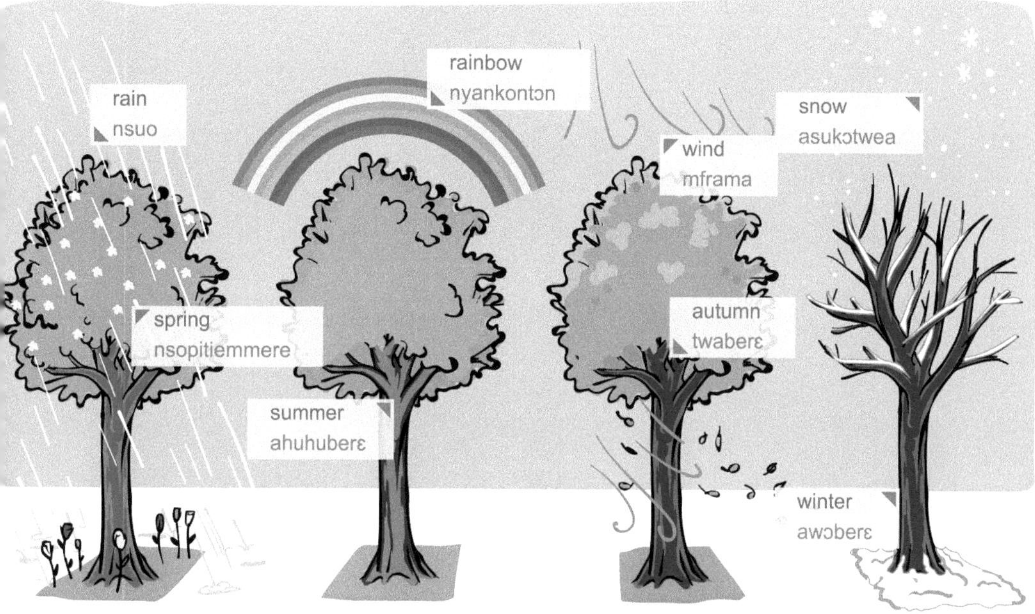

rain — nsuo
rainbow — nyankontɔn
snow — asukɔtwea
wind — mframa
spring — nsopitiemmere
summer — ahuhuberɛ
autumn — twaberɛ
winter — awɔberɛ

weather forecast
ewiemu nsesaeɛ

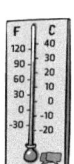

thermometer
afidie a wɔde hwɛ ahoɔhyeɛ

sunshine
awiabɔ

cloud
munumkum

fog
ɛbɔ

humidity
nsuo a ɛwɔ mframa mu

lightning
ayerɛmo

thunder
agradaa

storm
nsuden ne mframa

hail
sukɔtwea

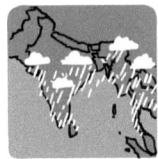
monsoon
mframa a ɛde nsuo ba

flood
nsuyiri

ice
asukɔtwea

January
Ɔpɛpɔn

February
Ɔgyefoɔ

March
Ɔbɛnem

April
Oforisuo

May
Kotonimaa

June
Ayɛwohumumɔ

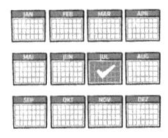
July
Kitawonsa

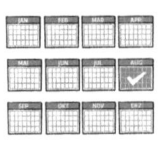
August
Ɔsanaa

September
εbɔ

October
Ahinime

November
Obubuo

December
pɛnimaa

shapes
bɔbea

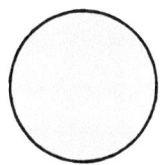
circle
kanko

square
ahenanan

rectangle
fasene

triangle
ahinasa

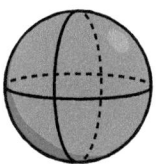
sphere
kanko

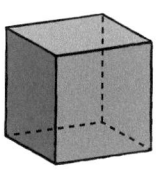
cube
ahenanan

colours
ahosuo

white

fitaa

yellow

akokɔsradeɛ

orange

akokɔsradeɛ

pink

memen

red

kɔkɔɔ

purple

beredum

blue

bibire

green

ahabanmono

brown

dodoeɛ

grey

nson

black

tuntum

opposites
abirabɔ

a lot / a little

bebree / ketewa

angry / calm

abufuo / brɛo

beautiful / ugly

fɛfɛɛfɛ / tantantan

beginning / end

ahyɛaseɛ / awieɛ

big / small

kɛseɛ / ketewa

bright / dark

ɛhyerɛ / ɛdum

brother / sister

nua barima / nuabaa

clean / dirty

ɛho te / ɛfi

complete / incomplete

wawie / onwieeyɛ

day / night

anopa / anadwo

dead / alive

wawu / ɔtease

wide / narrow

emu bue / emu mmueɛ

edible / inedible

yetumi di / yentumi nni

evil / kind

bɔne / papa

excited / bored

anigyeɛ / w'ani nka

fat / thin

kɛseɛ / hwea

first / last

di kan / ka akyi

friend / enemy

adanfo / atanfo

full / empty

ayɛ ma / hwee nnimu

hard / soft

dendenden / mrɛmrɛmrɛ

heavy / light

emu ye duru / emu yɛ ha

hunger / thirst

ɛkɔm / nsukɔm

ill / healthy

yareɛ / ahuɔden

illegal / legal

ɛnfa mmrakwanso / mmrakwanso

intelligent / stupid

nimdifo / gyimifo

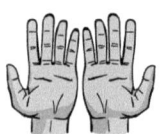

left / right

benkum / nifa

near / far

ɛbɛn / ɛmu ware

opposites - abirabɔ

new / used

foforo / dada

nothing / something

ɛnyɛ hwee / biribi

old / young

panyin / abɔfra

on / off

sɔ / dum

open / closed

bue / yatom

quiet / loud

dinn / dede

rich / poor

sikani / ohiani

right / wrong

papa / bɔne

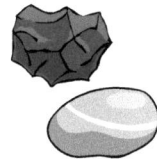

rough / smooth

wewerɛwewerɛ / tromtrom

sad / happy

awerehoɔ / anigye

short / long

tiatia / tentene

slow / fast

brɛoo / ntɛm

wet / dry

afɔ / awo

warm / cool

ɛyɛ hye / adwo

war / peace

ntɔkwa / asomdwoe

opposites - abirabɔ

numbers
nɔma

0 zero — ohunu

1 one — baako

2 two — mmienu

3 three — mmiensa

4 four — nan

5 five — num

6 six — nsia

7 seven — nson

8 eight — nwɔtwe

9 nine — nkron

10 ten — du

11 eleven — du-baako

12	**13**	**14**
twelve	thirteen	fourteen
du-mmienu	du-mmiensa	du-nan
15	**16**	**17**
fifteen	sixteen	seventeen
du-num	du-nsia	du-nson
18	**19**	**20**
eighteen	nineteen	twenty
du-nwɔtwe	du-nkron	aduonu
100	**1.000**	**1.000.000**
hundred	thousand	million
ɔha	apem	ɔpepe

numbers - nɔma

languages
kasa ahodoɔ

English
Brofo kasa

American English
Amerika Brɔfo

Chinese Mandarin
Chinese Mandarin

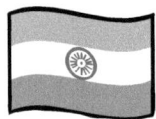
Hindi
Hindi

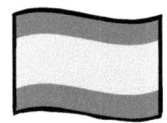
Spanish
Spanish

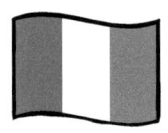
French
French

Arabic
Arabic

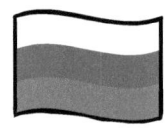
Russian
Russian

Portuguese
Portuguese

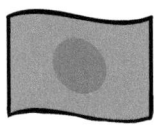
Bengali
Bengali

German
German

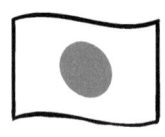
Japanese
Japanese

who / what / how
hwan/aden/ sɛn

I
me

you
wo

he / she / it
ɔno

we
yɛn

you
wo

they
wɔn

who?
hwan?

what?
aden?

how?
sɛn?

where?
ɛhefa?

when?
dabɛn?

name
din

where
hefa

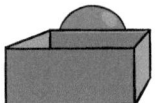

behind

n'akyi

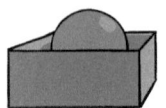

in

ɛmu

in front of

wɔ n'anim

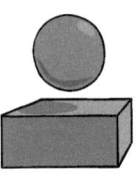

over

soro

on

so

under

asea

beside

nkyene

between

ntam

place

fa hyɛ